HF482972

SARA: POEMAS MÍO, POEMAS SOLO TUYOS

ANTONIO TOMAS

ANTONIO TOMAS

Sara

POEMAS MÍOS, POEMAS SOLO TUYOS

LETRA

SARA: POEMAS MÍOS, POEMAS SOLO TUYOS

Información del editor:

Editado por Letra
de Carlos Eduardo Caguana Sucre
Av. Paseo la Castellana S/N Torre C dpto 702 – Santiago de Surco
Agosto 2020
contacto@letragrupoeditorial.com
www.letragrupoeditorial.com

Edición internacional

Impreso por Amazon KDP

Hecho el Depósito Legal en la Biblioteca Nacional del Perú N°: 2020-05583
ISBN: 978-612-48242-8-9

*A mi Dios, a Esperanza y Tomás mis padres
y a la inspiración, mi musa la que le da el nombre a esta hazaña,
mi amor mi compañera.*

ÍNDICE

Tu mirada

Tu mirada resuelta,
infinita, acaramelada, impostergable.

Contorno de avellana,
de cejas infranqueables.

Ventana por donde la luz ingresa
y es la felicidad de cada una de mis mañanas.

Tu mirada próvida, firme e indulgente,
entrañable de elevación perfecta,
que como una red suele capturarme
en la vera de la senda que cruza mi vida,
para retenerme, para acobijarme.

CAPITULO I

La epifanía

La Voz

Es de no creer que una voz,
me hable desde hace unos días.
De lo bueno que resulta
sonreírle a la vida.

No obstante dicha voz
tenga su propia fatiga.
Me habla de lo bueno
de tener mente positiva.

Hoy me ha deseado
que mañana tenga un mejor día.
No obstante ni siquiera ha terminado el hoy.
El mañana ya me sabe de delicioso sabor.

Esa voz inspira,
esa voz desea y ofrece bendición.
¿Cómo retribuirle?
Quizás haciendo de ese momento
otro bello recuerdo
como lo que trato en estas líneas dejar impreso.

Percibirte

Es transportarme hacia donde estás,
es estar aquí, importándome solo estar allá,
es recrearte, en mi mente,
apoderándote de mis sentidos,
apareciendo ante mis ojos,
en textura y fragancia.

Mientras me hablas, música para mis oídos
y luego, tan luego, casi tan pronto
mezclado todo, percibo el ritmo
de mi corazón, el recorrer de mi sangre
hacia todas mis venas,
por toda mi piel ya no se refrena
y si pues, todo se vuelve intenso
como luz, tu imagen me domina.

Apareces mirando fijo a mis ojos,
rehaciendo este mundo,
rehaciendo mi universo.
Entonces entiendo. Sí, ya todo lo entiendo.

De cómo te percibo
de cómo logras hacerlo
de cómo cambias mi mundo entero,
los minutos que te escucho,
los minutos···
que a solo un pensamiento te tengo.

Hoy es

Hoy es despertar y respirar.
Hoy es ver a mi pequeño amigo can jugar.
Hoy es moverse y caminar.
Hoy es contar minutos y avanzar.
Hoy es ver gente rumbo a algún lugar.
Hoy es ver tus mensajes en mi celular.
Hoy es escucharte hablar.
Hoy es llegar a mi trabajo y cavilar.
Hoy es volverte a llamar.
Hoy es inspirado volver a estar.
Hoy es vivir y no pensar si mañana será.
Hoy es hoy y tengo que vivirlo mejor.
Hoy no es hasta mañana.
Hoy es hasta cuando termine la noche
y te cante una canción.

Palabras para vivir

Collage de palabras,
embarcado en mí destino,
embarcado en mis pensamientos
de horas, minutos, de sentimientos.

Tan recientes, tan cercanas, tan propias
que solo las genero de ti.
Me acompañan
y no se alejan de mí.

Parten conmigo, mientras me parto de aquí
igual, a donde sea que vaya
conmigo están y se refugian en mí.

Y les doy cabida,
así de sencillo y claro es.
Como claros sus colores,
como claros están todos los días
desde que tú estás.
Palabras tuyas, que son para ti,
que solo las necesito para existir.

Primer signo

No hace mucho que conversamos,
no hace mucho que hablamos de los dos
como aquel bello amanecer,
llamando toda mi atención.

Mi vida ha cambiado,
ahora sé lo que soy.
Dosificaste mis energías,
¡hiciste sinergias!
Hiciste que todo tenga sentido
con tus dichos hechos canción.

Ahora puedo contar mi historia,
ahora puedo vivir la nuestra,
mientras enciendes mis sentidos
aceleras y das ritmo a mi corazón.

Si vivir es el signo y no la suma del tiempo.
¡Quiero vivirlo todo y sumarle solo amor!
¡Amor para ti!
Ese amor que mereces,
que como bendita luz de sol,
sobre mi penumbra un día apareció.

Café tuyo, café mío, café nuestro

Un café tuyo,
un café mío,
un café nuestro.
Un sorbo de aroma
mezclado con el dulce de tu ser.

La delicia de tu perfume,
perfume de hermosa mujer.
Se hace una flor,
se hacen flores
del vapor que emana su calidez.

Adornando tu rostro,
tu bello rostro,
adornando esta mañana,
dándole sentido a la vida.

¡Oh, la bella vida!
Que se vive bien
y día a día
con sabor a café…
Café tuyo, café mío, café nuestro.

Introspección

Frente al espejo
se planta el caballero
mirándose a sí mismo.
Lleva la armadura diaria
que el laborioso trabajo demanda.

Se reverencia,
no por lo que observa
sino por lo que ha logrado hoy:
Llamar su atención,
la de su soberana.

Y tan solo es él mismo.
No es dandi, tampoco sibarita,
título nobiliario no luce,
digno aprendido de su padre.

Por su mente discurren
muevas frases y canciones.
Recordar cómo se trata
a la dama que su corazón arrebata.

Con fe a su mejor arma:
su seguridad, su temple
para lo bueno y lo malo,
para luchar hasta la última
de las más grandes batallas.

Para esto creció
para esto se formó,
muchas batallas ganó
y sobrevivió a otras tantas.

¡Caballero es su hora! dice,
mientras su boca
lenta como firme
forma el arco de la sonrisa.

Con su arma en ristre
le da la espalda al espejo,
testigo y confesionario
va camino con confianza.

Sabe que le espera
el rigor de la noble batalla,
la que demanda un triunfo:
conquistar el corazón de su amada.

Segundo signo

Me acerqué con un abrazo
pues disfrutarte y tenerte muy cerca quería,
y de tu aroma reconocer
ese sabor que originas
que hasta hoy solo era fantasía.

Me acerqué entonces para sentir
que ya no había distancia,
y empecé a embriagarme con tu fragancia
el primer roce a tu piel,
tu respiración apresurada
Y hasta cuando tu corazón latía.

Y entonces cuando parecía
que aquello tan hermoso se terminaba,
de súbita cuenta percibí
que tenía tu mirada
más y más cerca que nunca.

Y sentí…
como la seducción de la tierra a la luna
tus labios posarse sobre los míos:
tibios, cálidos, con su humedad,
mientras todo mi ser se estremecía.

Era el primer beso
mi mayor fantasía.

Era tu beso, era el mío.
Eran labios juntándose en un abrazo,
era de quien tuvo fe y esperó,
hasta encontrarlo tarde o temprano.

Tu beso y el mío: un baile de principio suave
pero de marcha frenética y constante,
de reconocimiento y encuentro;
lo imaginado se había hecho carne.

Sí, tu beso que ya amo
más que a todo en mi vida.
Ese primer beso
que sobre mis labios dejaste.
El primer beso que me regalaste.

Empoderado

Podría hoy buscar
decir las cosas más hermosas
que hayas escuchado jamás.

Podría hoy escribir poemas,
con tu nombre escrito al final
de cada línea anotado.

Podría inventar una canción
con la más hermosa melodía
para cantarle a tu pasión,
y cantarle a tu amor
con inmensa alegría.

Podría hacer que el mundo
conozca de este sentir real y sano
tan alocadamente desbordado.

Podría hacer que el mundo gire
hacia donde me llevan esas huellas
de tu paso firme y acelerado.

Podría tanto porque siento la miel
de tu cuerpo hasta en mi alma,
tu sabor en toda mi boca,
tu sabor en toda mi piel.

Podría hoy *hacer* tantas cosas,
decirlas, escribirlas y *cantarlas,*
como nadie en este mundo *expresarlas.*

Tengo tu marca, tengo tu sello

que llevo con honor de caballero,
que defenderé con la vida si lo requiero,
Siempre pensando en vivir
para al final gozar de la gracia
de tener tu cuerpo a mi lado.

Epifanía

Eres mujer de belleza perfecta,
de piel tan suave como la más fina seda,
de las más bellas flores el aroma.
Eres afrodita y tienes sabor de diosa.

Eres mágica,
protectora, purificadora
sanadora, símbolo solar
sellado sobre tu espalda,
me revela que a ti debo adorarte,
protegerte y con mi vida consagrarte.

No sé si solo se pueda llamar privilegio
osi es mandato divino,
revelada ante mis ojos
me has hecho reconocer
que ya tengo un destino.

Mujer, mi diosa
del más bello proceso artístico
de consagradas manos divinas.
Mi vida ya no es mía,
está en cada espacio
de tu celestial cuerpo
Mi oxígeno en cada respiración tuya.

Para ti vivir un placer.
Para ti morir un honor.
Por ti vivir un regalo
que solo se recibe de tus manos.

CAPITULO II

El amor creciendo, tú perfecta y la rosa

Te quiero, Sara

¡Te quieeeeeero, Sara!
Te quiero besar.
Te quiero abrazar.
Te quiero a mi lado.
Te quiero tan cerca para morar en ti.
Te quiero sin distancia.
Te quiero sin tiempo ni horas
Te quiero sentir.
Te quiero a ti a solas.
Te quiero de noche y de día.
Te quiero con sol y lluvia.
Te quiero en el espacio que sea.
Te quiero todos los días.
Todos mis días, ¡te quiero, Sara!

Porque te quiero

¿Por qué hoy? ¿Por qué no mañana?
¿Qué hay que no se espere?
¿Es la vida pasar?
¿O serán días de no poderte disfrutar?

¿Por qué hoy la noche del domingo?
¿Por qué no un viernes?...
O Cualquier otro día
de sol o de luna que no pueda ser el mismo.

¿Por qué guarecidos del frio en tu coche?
¿Por qué con música
de letras sentidas de amor?
¿Marcando un equilibrio en la noche?

¿Por qué ahora no dejarte de mirar?
¿Por qué soñarte despierto?
Contigo en otros lugares,
Mientras me miras y yo sin hablar en silencio.

¿Por qué el deseo de besarte tanto?
¿Es que acaso ya no te besé,
siquiera hace un instante?
Y mira mis labios,
ya se mueren de sed.

¿Por qué fue hoy que tanto te quiero?
¿Por qué no es mañana que te querré más?
¿Acaso porque fue un veintidós
y nuestra vida cobrará un sentido mayor?

No más interrogantes. Fin.

Si es hoy la noche de aquel día, hoy será,
pues lo eliges tú,
la que quiero que rija mi vida,
la que llega para quedarse.

Es la noche de mi vida,
la más tranquila, remecida por besos.
Empaño las lunas de tu coche,
hasta quedar sin aliento.
La que no olvidaré por lo que de mí resta
en la que de buena cuenta entendí
que hay respuesta para todo.
Cuando a quien quieres,
cuando a quien esperas,
cuando a quien anhelas,
cuando a quien deseas
te dice tan tiernamente, tan suavemente,
Tan mirándote con sus hermosos ojos:¡TE QUIERO!

Perfecta

Tu belleza es armonía,
todo calza, todo tiene una razón.
Con trazos delicados
del pincel adosado de color.

Se van formado por el centro tus labios,
lo primero que fascina la mente
del atrevido pintor.
Óleo, acuarela y gouache,
Mezcla de rojo y pastel
sobre la paleta los colores de tu piel.

El osado se abre paso
y tus ojos ven la luz,
formados con líneas tenuemente oscuras
y de tu alma va tomando la forma.

Ya tiene tu expresión capturada.
El lienzo ya tiene tu rostro.
Es hora de asirse de sus recuerdos
tan frescos como el aroma
impregnado en tu cuerpo.

Pintor cerrando los ojos
te trae de ese pasional recuerdo.
Inicia el frenesí
De trazos, de sombras, de quiebres, contornos,
definiéndose cuando en tu torso está a la mitad.

Y te contempla,
mientras levemente humedece sus labios
para no detenerse a descansar,

solo a admirar lo que le apasiona:
tu cuerpo dibujar.

Y cual estremecimiento y arrebato,
va encalando, tiznado perfilando.
Los colores mezclados
para el armónico y la eufonía.

Pasos atrás levanta la mirada para observarte.
El pintor exhausto, jadeante pero lleno de dicha
observa su obra, la armonía perfecta.
Tu mujer, la de sus sueños.

Sara, a veces el idioma es insuficiente para expresar los sentimientos, incluso cualquier forma oral o escrita que se le parezca, parece quedarse corta.

Solo queda ir más allá, con afecto físico, muy cercano. He sentido hace escasos minutos, irrefrenable necesidad de abrazarte, besarte y dejar que sientas mi amor. Que se exprese todo mi cuerpo para que todo lo dicho tenga sentido.

Eres lo soñado que se hizo realidad ante mis ojos.
Eres la sed colmada de deliciosos sorbos.
Eres el calor que mi desnudez demandaba.
Siento que eres mi halito de vida,
no me niegues la existencia,
porque ya no sé vivir sin tu presencia...

Combatiente

Su corazón es mi blasón,
mi ansiada recompensa
su cariño y atención.

Déjeme tomar su mano
Poner mi cuerpo por delante y protegerla.

Darle abrigo si siente frío,
llenarla de atenciones
con nobleza.

Despejar su camino.
Reverenciarla,
pues en mi vida usted reina.

A usted le debo todo,
ofrezco mi corazón entre sus manos.

Mi razón y conciencia
jugada a su lealtad
combatiente de tu amor.

Mi sol

Amor, saliste por aquí, fuerte y brillante...
Hermosa,¡cómo haces falta!
Tu sola presencia es vida,
para los comunes mortales,
Dentro de ellos yo, quien humildemente siente
Que soy el que más te ama.

No me faltes nunca y aparece
imponente cada mañana,
a través de nubes insolentes
de cielos encapotados,
que celosas no desean
que admiremos tu belleza y tu grandeza.

Dame tu calor,
dame tu luz,
dame vida;
sin ello no existimos.
No nos faltes, mi sol,
nunca me faltes, Sara.

Grotta palazzese

Grotta palazzese, il nostro sogno
Recuerdo de una memoria
Da un'altra volta d'amore
Lugar de siempre para coincidir
Pittoresco, romantico ed isolato

Grotta di fronte al mare
Donde en tiempos te amé
Promettente di tornare insieme
Para cuando recordáramos
La promessa d'amarci

Grotta della nostra cena serale
Volver porque ya lo sentimos
Nei nostri cuori il desiderio è fatto
Para amarnos escuchando la rompiente
Le ondecontro la scogliera

Grottas colpita per milioni di anni
Tu esculpido cuerpo firme al viento
Mi trova assctato di te
Placer exquisito beber de tu piel
Corpi riflessi nell'adriatico

Grotta testimone del nostro amore
Refrendatario de la fruición
Dell'unione dei nostri sessi
Placer de extenuación
Esaurimento per fare l'amore con noi
Grotta da sogno torniamo da te
Para cumplir el signo, la ofrenda
Per mantenere questo amore vita dopo vita

De volver en otros cuerpos
Con lo stesso amore e lo stesso desiderio.

Nictofilia

Y así, fuera de este mundo, hacer tu deseo sempiterno
mientras nace nuevamente nuestra nictofilia,
y seguir juntos bajo el manto de luces
ahogados de sensaciones
porque así lo deseamos
porque así lo deseo para ti
la unión del más bello día y la noche,
sobre nosotros
y yo rindiéndote pleitesía.

Y así recluirme por siempre en ti,
sumiso a tus cadenas
pero libre de amarte,
libre de ser quien toco con sus manos
el firmamento de tu rostro
y durmió en tus brazos
como desenlace uno solo un solo cuerpo
sobre la arena bajo el sol
que va muriendo
que va dejando su calor.

Mi sueño

Mi sueño hecho realidad.
Mi inspiración.
Mi paz.
Mi alegría.
Mi poesía.
Mi pasión.
Mi fe.
Mi orgullo.
Mi mejor canción.
Mi éxito.
Mi razón.
Mi cómplice.
Mi esperanza.
Mi goce.
Mi oración.
Mi despertar.
Mi vértigo.
Mi calor.
Mi *grotta*.
Moi, toi, notre café du Paris.
Mi éxtasis.
Mi amante.
Mi sol, playa y arena.
Mi 22 de julio.
My take, my breath away.
Mi presente, futuro.
Mi hermosura y belleza.
Mi AMOR., SARA,¡Mi amor!

Pureza

Sin condiciones, de mácula exenta
puesto así fuiste germinada,
una vibración *Nada Brahma*
cubrió tu vida desde la cadena.

Aliento eterno proyectó tu esencia,
aprendida de otras existencias.
Para este tiempo, el de trascendencia
Y forma sutil y de perfecta herencia.

Sagrada eres hoy, eres catarsis,
despejada de deseos egoístas,
siempre invitada al ascesis
sumario de liberación, amatista.

Alineación y armonía digna,
oro de magna veta de cuarzo,
substancia sobre el zarzo
de perfección benigna.

Pulcra, sublime y admirada,
así en "julius" comencé a revivir
sintiendo tu corazón sin manchas,
libre de imprecaciones y zaherís.

La exquisitez hecha tangible
como las turquesas olas del mar,
la fina arena y vibrar audible
claridad matinal de la luz solar.

Perfecta eres, así ni en lo soñado,
adepto alucinado te declaro

que acepto tras lo escrutado
tu alma de amor inmaculado.

Puede ser pureza la del aire
del lenguaje y la arquitectura
sin afán de suntuosidad al socaire,
tu pureza es mi ciencia pura.

Mi reflexión para exaltar lo tentado
desde el principio lo alimentado
es que lo puro está en tus manos,
lo que ofreces sin acentos ufanos.

Eres la pureza de naturaleza cierta,
eres la diafanidad del espíritu,
eres tersura helénica mi égida,
eres mi verbo en grafías en la prosea.

Alquimia de frugales de ti emanan
el significado que le das a la subsistencia.
Así quien entienda de su existencia,
pureza reclama en tu nombre, divina SARA.

Esa rosa

Amada, ¿sabes por bien de esa rosa?
Que sobre amable garrafa se posa
desde ya hace varios días animosa.

Te contaré en lengua juglar
con cierta romanza intrépida,
peregrina existencia de flor tan dichosa.

Que nació sin duda en algún valle cálido
con afán protegida en verde campo
de primavera a invierno florecido.

Surtida de vida por rosalista habido,
empeñoso por darle alma intimista
de botón y capullo,
naturaleza adredista.

Rotunda, directa y llanamente hermosa,
su romance con el sol la hizo voluptuosa,
Una rosa es una rosa, ¡es una rosa!

Cultivada con cuidado y esmero de reina
hasta la feliz siega del manto rojo alizarina,
acarreada por manos nobles de pergamina.

Tras acuerdo adquirido a la florista
el embeleso al carmesí era a la vista,
y quizás, por su alma quieta de nobleza purista.

Llegó a tu amparo como atento obsequio,
por pasión evidente de hombre seducido
para que junto a ti se atildara el camino.

Razones hubo para su vida,
recordarte que eres la más hermosa
y que en amalgama excelsa son prosa.

Y que sientas que mereces cuidado
para que llegues a ser plena y noble,
como esa rosa que poso a tus manos.

Capítulo III

Reafirmación del sentimiento y su cuerpo

Perfectos senos

Amor a tus perfectos senos,
irrefrenables ansias animo,
idas por el frenesí las manos,
índices sus centros señalo.

Lengua furiosa recorriendo
con ticket de ida caminos,
trepando suaves montes,
girando como el remolino.

Inundan la firmeza y tibieza,
mi boca saliva y los besa,
enajenado ya no soy mío,
atado a sus formas perfectas.

En la oscuridad de mis ojos
mi lengua, sus nervios se retuercen,
fijando surcos lúbricos redondos
asentido horario sobre tu pezón rosado.

Tan solo quiero hurgarlo todo,
que no quede medida arrancada,
que no te sorba, que no te beba.

Paladear tu saliente y areola
hasta que se ponga firme y caliente
y sienta que te sacudas y tiembles.

No deseo desunirme.
No deseo renunciarlos.
No deseo ausentarlos.
Son parte de ti, amor mío.
Son tus perfectos senos.

Te necesito

Cuando te ausentas
en búsqueda de tu espacio, te necesito.
Cuando estás en la playa
Descansando, te necesito.
Cuando te vas de viaje, te necesito.
Cuando termina la llamada
y dejo de escucharte, te necesito.
Cuando escucho tu mensaje
escrito o de voz, te necesito.
Cuando te veo partir en tu auto, te necesito.
Cuando en mi camino te acercas, te necesito.
Cuando termina mi trabajo, te necesito.
Cuando amanece y despierto, te necesito.
Cuando la noche se hace fría, te necesito.
Cuando el día se hace noche, te necesito.
Cuando el día se hace largo y tenso, te necesito.
Cuando mi día es maravilloso, te necesito.
Cuando te escribo poemas e historias, te necesito.
Cuando alcanzo una meta o triunfo, te necesito.
Cuando te tengo cerca de mí, te necesito más.
Cuando te pienso y recuerdo tus besos,
estés o no estés, te necesito.
Presente o ausente, eres mi necesidad.
Porque eres vida en el alma de mi cuerpo,
agua de mi sed,
música de mis canciones,
inspiración de mis poemas.
¿Qué más necesaria?
¿Qué más importante?
Que ser lo que eres y que tanto te amé.

Ausente

¿Cómo es una noche sin tu calor?
Ausente tu piel de mí,
ausente de tu respirar,
ausente de tu sabor.

Es como la del náufrago en el mar,
cubierto por la inmensidad
de sabanas buscando la parte terrenal.

En la oscuridad de la noche siento el vaivén
de tu recuerdo flotando, y bien,
por doquier restos del naufragio, hacen un badén.

Siguiendo el rastro del líquido
que tu cuerpo emana.
Me aferro con mis manos,
estrujando con mi boca y dientes
el lugar que me salva.

De morir ahogado entre tanta ausencia tuya,
deseando solo querer vivir,
pidiendo que esta soledad
en su intensidad disminuya.

La pronta memoria dice: regresarás por aleo,
para de nuevo con voracidad
sumergidos perecer en el deseo.

Tu húmeda matriz,
tus montes son estrellas
en el firmamento sobre mi mar
que boca arriba no dejo de desear
hasta dormido quedar.

Amor una pequeña oda a los minutos previos a quedar dormido hoy, en la profundidad de mi cama que sin ti es un océano y en la oscuridad de mi noche.

Amor de mi vida
El tren de ida
y tus palabras mías,
siempre me dejan tinta
para rellenar algún papel con líneas.

Llenas de tu espíritu, de tu miel.
Eres más que una revelación.
Eres inspiración divina.
Amor mío, de mi amor dueña,
de mi pasión guía.
Señora y reina de mis poesías.

Ella es

Es tan diferente a mí,
Pero amo lo que significa.
Más parecerme un poco quisiera,
A lo que de ella no puedo ver.
Ella es real y auténtica,
que mi imitar aún no la logra.
Ella es mi sol todos mis días,
y la luna cuando es de noche.

Y hoy tan cerca de mí y dormida,
y yo contemplo su cuerpo húmedo
sobre mi lecho tan liviana, como su alma.

Espero abrazarla palpitante,
ese ligado de dos que representa,
pues si amo su cuerpo,
mi libido me incita a cazar lo etéreo
que de ella se escapa,
como luz y ardor indeleble.

Ella y su esencia irrepetible tándem,
Y yo al final solo un originado revelando
que un espíritu así nunca podrá obtener,
pues tiene el suyo propio.

Ella es un ser tan incomparable de mí
y de cualquiera que aun respira.
Que solo la quiero para mí.
Pues he descubierto lo que nadie más ha apreciado.
Si bien, ya por ello, tan solo puedo ser afortunado.
Solo para mí la deseo
Solo yo poseerla quiero.

Afincándome para siempre
en la arista de su cuerpo y su alma.

Buenas noches

De seguro el amor de mi vida ya duerme...
Pues yacía cansadita.
¿Qué puedo decir?
Debe estar tan bella durmiendo.

De estar a su lado
habría perdido mi sueño
solo para contemplarla.
Verla así con sus ojitos cerrados,
sus labios apegados,
mientras su respiración
denota que está tranquila.

Ella sabe que esté donde esté
le deseo que tenga un bello sueño
que por ella la cuide mi Dios,
la virgen y los ángeles de cielo.

Mas solo espero siempre
que en sus sueños yo esté.
Que en los míos, mi amor,
mi vida, mi Sara siempre está.

Buenas noches, mi amor.
Buenas noches, mi vida.

La gloria eres tú

Yo que soy creyente de mi buen Dios,
sé que en el cielo está la Gloria,
que de los mortales al morir
son esperanza y consuelo
sintiendo que estoy vivo
y vivo tanto por tu amor.

Le agradezco al bendito Dios
por regalarme esa dicha
de tenerte en vida, mi bien;
pues así, no necesito morir
para ir al cielo, mi dulce amor,
pues la Gloria ¡eres tú!

Sensaciones

Mi corazón acelera su ritmo.
Mi sangre fluye con gran rapidez.
El frío se desvanece
y varía la temperie de mi piel.
Mientras lo que tus dichos y lo que ellos significan.
Se apoderan milésima tras milésima de mi juicio.

Recorriendo todo de mí,
hasta mi columna vertebral.
Y alcanzar la base de mi *testa*
sobre la que se van coronado
intangibles palabras de mi alma.

Y así comienzan a fluir en mi mente,
juntando sus hemisferios
las palabras que trasluce tu mensaje,
sabiendo que es pensamiento tuyo.
Me convencen, me persuaden
que lo que hago lo hago bien.
Del mundo que creo y para ti imagino
que al final será el mío también.

Tan luego de la actividad pensante
y su encuentro con el flujo y savia
interna que lleva la emoción,
la serenidad de saberte demandante
de lo que por ti ofrezco hoy.

Equilibra todo en mí y le da liviandad.
Si al principio no sabía qué decir por la fascinación.
Ahora, luego de los segundos de penetrante emoción.
Sé que arrobado estoy por el apasionado amor

el que te profeso y practico
con dedicada devoción.
Por lo que secundo cada grafía transcrita.

Y digo también: amo lo que eres, sueño con que seas mejor y que logres lo que sueñas ser; deseo estar contigo siempre en lo bueno y en lo malo. Dentro del contexto de lo que hoy vivo a tu lado, así también ya TE AMO. Esperando pronto que dicho sentir sea el único sentimiento que ofrezca para ti.
El único que mis palabras expresen, el que sientas para mí y el único que sientas de mí.

En tus brazos

Tengo sueño y solo quiero dormir en tus brazos, mujer.
Aprisionado contra tus redondos pechos,
sintiendo cómo late tu corazón y mi oído trepidando,
sintiendo tus costillas levantarse y reposar,
sintiendo de tu calor brotar sudor,
sintiendo la suavidad con que me acobijas,
sintiendo el vahído que me lleva a tu vórtice
que me hará sumergir en otro sueño,
donde sueño tener el sueño en el que caigo rendido,
donde caigo entregado y libertado por tus pechos,
ese sueño, el de una y otra vez del espejo infinito,
infinitamente colgado en tus brazos
sobre tus pechos dormido, mujer.

Sed

Amor, tengo sed.
No de licor, zumo de fruta ni de agua siquiera.
Tengo sed de ti.
De lo que brota de tu cuerpo entero,
de lo que brota de entre tus piernas.

Amor, tengo sed.
No solo para humedecer mis labios,
yermos sin tu presencia.
Tengo sed de ti.
Para vivir estremecido y ahogado,
para vivir sujeto a ti enredado.

Amor, nunca me niegues el elixir de tu boca
ni la pócima de tu cavidad jugosa,
en la que me sumerjo
cuando a mi vienes deseosa.

Amor, sed de ti tengo,
y sé que a mí vendrás.
Me aguanto con los labios cuarteados y secos
porque sé que al lapso
como lluvia sobre la aridez renaceré.
Amor, tengo sed de ti.

Sí, creo en ti

Cómo no hacerme de la esquina de tu sueño.
Cómo no ser seducido por tus ideales.
Cómo no rozar tus enérgicas inquietudes.
Cómo no ser poseído por tu ternura.
Cómo no resguardarme con tu voz.
Cómo no curarme con tu lúcida mirada.
Cómo no reposar mi boca en tu terso hombro.
Cómo no afanarme por la retórica de tu piel.
Cómo no caminar tu sendero.
Cómo no revolotear en tu huerto.
Cómo no saborear de tu colmena.
Cómo no soliviantar para ti sacrificios.
Cómo no desear para ti un reino.
Cómo no hacer que se cumplan tus sueños.
Cómo no amarte, desearte y querer todo para ti.

Dueña de los atractivos más seductores de tu sexo, mujer.
Dueña de mi vida. Y no por ser posesión tuya.
Solo por fe mía, propia, ufana y orgullosa.
Yo creo en ti.

Extrañar

¿Por qué te extraño? Me pregunte hoy.
Y, ¿por qué me siento extraño?
Preguntando por qué que te extraño tanto,
me pregunté también hoy.

Y me extrañó preguntar tanto.
Si el "tanto te extraño", tiene su respuesta
y lo extrañado que me encuentro por preguntarme tanto
también.
No es que te extrañe por el solo hecho de extrañarte
y que a su vez me dé cuenta
que suena tan redundante estar preguntándome:
por qué te extraño, cuando se por qué.

Si te escribo esto es porque no estás conmigo.
Si no estás conmigo estoy solo.
Si estoy solo, te extraño.

Lo que hubiera sido

¡Qué hubiera sido de ese día sin tu presencia!
Ese día tan largo y extenso como la espera,
como los segundos contados de uno en uno.

¡Qué hubiera sido sin tu fuerza tu voz por la mañana!
Cuando consumido y fatigado
resistencia ya no tenía.

¡Qué hubiera sido al final de mi noche sin tu compañía!
Tan imprescindible como el sol para vivir
o el agua para sobrevivir.

¡Que hubiera sido sin ti!
Si ese sudor frío de la mañana
se hubiera repetido hasta que la fatiga
me hubiera consumido.

¡Qué hubiera sido vivir solo,
ausente, desterrado, extraviado, quebrantable,
desconocido de ti!

¡Qué hubiera sido que no ocurrió!
Como este pensamiento esboza y tantea
al mirar a ciegas las horas hacia atrás.

Porque sin ti hubieran sido hoy recuerdos brumosos,
sombríos y tétricos.
Que hasta miedo me da traspasar siquiera.

Si hubiera sido, pues ahí,
deseo que quede en el estanque negro

de las ideas fallidas,
que tienden a desparecer.

Pues lo que hubo de pasar pasó.
Estuviste tú.
Por ello él hubiera de otra vida dimensional no ocurrió.
Ocurrió que por mí te preocupaste.

Por ello presente a cada instante mi ánimo,
mi energía no sufrió el embate
del mal que me apresaba.
Él hubiera nunca ocurrió,
ocurres tú en mi vida todos los días.
Eso es lo tangible, la feliz verdad.
La que asienta mi fe a la voluntad del divino.

Eres la ligazón a la matriz de este mundo,
a la vida que en ella habita,
la que te dio vida en mi vida,
la vida que mi conciencia plena pretende vivir.

Día ordinario

Por unos momentos mágicos
el día cualquiera y ordinario
de fin de semana, banal y pasajero,
nada extraordinario,
no es cualquier día, ¡es nuestro!

En algo más que nuevo se convierte,
pues espontánea se vuelve la bella travesía.
Mi corazón late, reconoce mi respiración,
inhala y mi pulmón se expande.

Vital energía germina
a cada cadencia del día
Vas por todo rincón o resquicio,
de mi lar que te acoge como fuerza viva,
en la cinética energía.

Lo que fluía desde siempre tan lento
que hacia todo inerte y pasivo.
En dinámica se convierte,
la *vita* contemplativa desaparece.

Aquel momento mágico tras el sol sobre el poniente,
se traslada como imán a la izquierda
de la rosa de los vientos,
al norte final de nuestros encuentros.

Ahí donde se aprisiona tu polvo
de luz de Ángel de calor,
entre mis sabanas y la almohada,
lo que de ti fluye que enjuaga a mi piel
y saborean mis labios.

Mágicos son los días
que no son cualquier día,
que son nuestros en los que te hago mía
y por un momento me adueño de un poder
que no es de este mundo me siento Dios Arcano.

Y todo hago por vuestra benevolencia divina
de hacerte parte de mi vida.
De ofrecerme dignidad humana
y hacerme entender que hay momentos mágicos
que uno se tiene que aprender a merecer.

El repaso

Te posé mi pasión,
te repasé con mis labios,
te decanté con mis manos,
te mordí con frenesí,
te revelé mi instinto lascivo,
te abrí las piernas.

Y te amé estando dentro de ti,
y vi tus ojos y detuve el vaivén.
Solo para dibujar en mi mente
tu mirada, el brillo de tus ojos,
tus labios entrecerrados, tu respiración.

Y así no olvidar nunca que hubo un día,
en el que haciéndote mía,
quise que el tiempo deje de controlar
su inexorable pasar.

CAPITULO IV

Eufonías

Intrusa sinestesia

El Sol brilla mientras baila,
mientras el cielo gris canta
los colores tan palpitantes,
como blanco y negro en matiz.

Algunas luces en la calle chillan,
puedo hasta su ruido sentir,
todos corren detenidos en el tamiz
que son las horas del tiempo.

Me hablan pero no son,
están pero no las veo,
lo que siente dice:«no entiendo».
Un miedo jubiloso en su altar
cuando aún sigo despierto en este sueño.

Adentrado fuera de este mundo
en cadena pausada finita
me devora y se atraganta
mientras a lo lejos dejo de escuchar
sus extensas laconias.

Y disfruto ver llegar
el despertar de quedarme dormido,
desesperadamente quieto,
inquietantemente tranquilo.

Eufónico

Sonó el cielo, sonó en mi oído,
concierto profético, insólito sonido.
Armonía de cielo encapotado,
susurro de querubines, prosódica analogía.

Sinfonía de cuatro movimientos
de estaciones trimestrales.
Concertante para oboe; fagot y clarinete
toda sensación de mi mente.

Y tu mano firme sujetando la mía
como susurrándome al oído voy contigo,
percibo lo que sientes, me hago en ti presente.
Tú encuentras paz,
yo la perfección y la armonía.

En todo se mezclan pasajes de viento,
pasaje evocador, inclusive nocturno,
variaciones separadas por *rotornelli*,
Y tú a mi lado haciendo del amor, la tonalidad.

Finalmente el arco sobre las cuerdas.
Arpegio, golpes cortos y largos
sul ponticello, sul tasto ruido blanco,
y nuestras almas con armonías envueltas.

Cubiertos por variaciones, por su manto,
Allegro ma non troppo o allegro assai.
Andamientos, cinética musical,
tiempo devuelto, tiempo disfrutado y amado.

Tiempo de música del cielo a tu lado,

la nota perfecta en el pentagrama,
la clave de sol de tu mirada complacida.
Tiempo y compas al rozar de tus manos.

El ritmo de mi vida

Amor mío, soberana de mis pensamientos,
sueños y más bellos como íntimos deseos.
Le das ritmo a mi vida
con cada latido en tu cuerpo.

Cada paso que doy lleva a lado tu huella,
miro hacia el frente,
observo el camino y te escucho susurrar,
no pares que pronto has de llegar.

Y sonrió. Sí, sonrió,
pues se disipan los temores.
Todo lo disfruto y me sabe exquisito.
Y siento que esto solo está comenzando.

Hacia allá muy lejos voy contigo a lado,
contigo diseñadora y escritora de mi historia.

Amor

Amor de mi vida.
Amor, eres intensa;
eres bella como sublime.
Amor del universo,
amor de mi mundo,
dueña de todos mis versos.

Amor de mis deseos,
amor, te deseo.
Mi paraíso es tu cuerpo.
Amor de mis sueños,
amor de mis despertares
entrelazados en mi cama.

Amor de mi libertad,
amor de paz alcanzada
tantas veces
de mis manos escapadas.

Amor mío.
Amor, el tuyo que me das
realidad pedida suplicada,
amor venido del cielo.

Amor, eres tú.
Tú y yo, lo que hacemos juntos
amor de mi vida, tu amor, amor mío.

Despierta que es de mañana

«Despiértate, es de mañana» decías,
eras tú quien me hablaba,
eras tú quien en el albor me miraba,
no eras un sueño, tenía alma.

Hace un momento paseabas de mi mano
dejando grandes huellas y surcos
sobre la arena húmeda jaspeada de espuma
que las olas frías del pacifico desvanecían.

Hace un momento creí que eras un sueño,
un sueño de niño de futuro lejano,
un sueño de música adolescente,
un sueño de madurez sosegada.

«Despiértate, amor, es de mañana»
y sobre mi cama aún te abrazaba,
y sobre mi pecho descansabas;
no es ya del sueño, es de mi vida.

Hace un momento solo claro oscuro,
lugares no reconocibles del todo,
personas al rededor sin rostro
que hablaban sin entenderles nada.

Hace un momento vivía un sueño
y solo me importabas tú,
y solo deseaba caminar a tu lado
y permanecer así, pues me hacía feliz.

Ya desperté, mi amor.
y estás tú aquí a mi lado.

No como en el sueño pintado,
no como en el sueño anunciado.
Estas tú iniciando mi día
con un beso deseado.

Cuando te tengo entre mis brazos

Cuando te tengo entre mis brazos
mi vida obtiene la verdadera razón,
la razón de tu perfume, la razón de tu tibieza
de encajar como puzle en tu cuerpo.

Cuando te tengo entre mis brazos
no quiero deshacer el encanto,
no quiero dejar de respirarte
así tan sencillo, no dejar de inquietarte.

Cuando te tengo entre mis brazos
deseo hacerme sustancia
para hacerme de todo tu encanto,
hasta que tus poros me resuellen.

Cuando te tengo en mis brazos
¡Quiero ser solo tuyo con propiedad¡
¡No separarme, no desgarrarme de ti!
¡No quiero! ¡No quiero!
¡No quiero desunirme de ti!

Cuando te tengo en mis brazos
me consuelo, me refugio, me abrigo,
me enternezco, «regresiono»,
me arrullo···
tan luego nazco y tan luego existo.

El resto de mi vida

Desnudo a tu lado
una noche entera,
insomnio deseado
pegado a tu cadera.

Amanecer celeste,
despertar soñado,
tus senos calientes
a tu pierna entrelazado.

El silencio que respira
a mi cuerpo pegada,
mi cama te confirma
con mi alma a ti atada.

Todo parece inerte
si solo respiramos,
pero parecen comerte
mis excitables manos.

En fiebres me siento
y solo quiero estar en ti.
No encima. Adentro,
me entrego al festín.

No rehúyes a mis deseos
y conciliar tus nalgas,
atiendes cada trasiego
devolviéndome ganas.

Y en ti me sepulto
con toda mi vida plena

sobre tu cuerpo de culto
yace mi materia siena.

Ahí me quedo dormido
tras la fragua quemante,
a tus entrañas fundido
con tu sabor aun jadeante.

Regresando al inicio
vuelto a la tibieza,
naciendo en solsticio
mi vida empieza.

El resto de mi vida
comienza su fase
hasta que vuelva al clima
que tu sol complace.

El resto que en mí vive
que te solicita encantado,
será la razón *sine fine*
que al final muera solo a tu lado.

CAPITULO V

Tu nombre

Llegué

Ya llegué, amada mía. Llegué a mi destino,
ese que comparto contigo.
Llegué contigo dirigiendo mi mente.
Llegué feliz porque te vivo todo el día,
desde que duermo hasta que despierto.

Mujer que ilumina mi vida, estrella brillante.
Mi cruz del sur guía de navegante,
la que me lleva a la mejor orilla,
la que enfrenta tempestades,
la que sabe a dónde ir que contigo me lleva.

A esa playa de nuestro amor sin fin
que hace que mi esperanza sea,
siempre llegar al destino,
contigo solo para siempre ser feliz.

Otro bello día

Que tengas un bello día
o que el día te tenga a ti bella.
Esa es la premisa, es la sentencia en mi mente.
No pueden ir separados.

Tu belleza es la necesidad de los días,
de mis días y necesidad de mi mente,
si la que te describe y que manda
te escriba hoy atentamente.

Te tengo siempre presente,
porque estás en mi las veinticuatro horas,
por eso mis días y los días del mundo, por ende,
para mí son los días de tu reino imponente.

Días que no dejaran de ser bellos
pues te tiene a ti su dueña solvente.
Por ello que el día te tenga a ti bella
porque sin ti no será nada y moriría inexorablemente.

Tus manos

Tus manos tienen mi vida
como el agua discurriendo,
con la inercia de la cascada
que hoy vas esculpiendo
y que vas instituyendo

Tus manos, tienen mi alma,
develada, ávida y seducida
a la energía tácita y etérea
a la que das liviandad,
descarnada tibieza.

Tus manos tienen mi corazón
latiendo a frecuencia de reposo,
abanicando el hipotálamo,
sacudiendo mi instinto,
abatiendo mi marasmo.

Tus manos tienen mis deseos,
brío mental indeterminado,
pulsaciones y ardor elevado,
guías mi «elan vital» excitado,
y de ti abismalmente enamorado.

Tus manos tienen mis sueños
de aquel sonambulismo extraviado,
de imágenes difusas mentales;
vía glifática fuiste las que depuró,
quedando el ensueño de tu amor.

Tus manos de delicada forma,
de color capulí tersas como el durazno,

de sabor honesto que al acariciar
se siente cálida, y es humana
porque es de mujer que no se ufana.

Tus manos que lo pueden todo,
que son creatividad que es pasión,
que son libres, que son descanso,
que son paz y amor sincero,
me tienen asido y aferrado.

Tus manos, tus falanges, tus dedos,
son lo que tengo para seguir el camino
como si de eso dependiera seguir existiendo,
mientras me acaricia, animándome
me redimen, me regeneran, sosteniéndome.

Te Amo Sara.
¡Inspiración inagotable!

Poema del alma

Acariciarte quisiera,
sentirte anhelo
pues te deseo,
no solo ser conciencia,
no solo ser pureza,
hálito de vida
lo que mora dentro
la luz infinita.

Deseo tener vida de carne,
de dermis sudorante,
tener una boca jadeante,
manos ardientes,
pecho enrojecido.
Sí, deseo eso.
No sabes cuánto lo deseo,
no solo ser espíritu
Sino el cuerpo que te siente.

Me pertenece tu cuerpo,
sin mí no vive,
sin mí no te siente,
ya no me consuelo
con ser consciente.

Y cobijar el sentimiento
para que este cerebro lo piense.
Quiero tenerte,
no ser espíritu,
no ser alma.

Quiero tener carne y sesos
para saber lo que se siente.
Amarte, no solo saberte.

A lo que sabes

Amor, lo dulce sabe a magia.
pero hacerte el amor es la vida,
es la felicidad plena,
es amar y sentirse amado,
es entrega absoluta.

Es deseo irrefrenable
por tu cuerpo, por tu sabor, por tu aroma.
Es sentirse arrebatado.
Arrancado del piso para volar en éxtasis hasta explotar.
Y cuando todo se vuelve calmo,
el deseo persiste
sabiendo que siempre habrá la gloria
del cielo estando a tu lado.

Mujer, mi amor.
Quien suele enamorarme con una sonrisa,
una mirada, un gesto, una palabra,
todos los días de estos días,
los únicos de mi vida,
los que ya atesoro como lo más valiosos,
como lo más importante de mi vida.

Calma

Me aquieta la mar inconmensurable,
me sosiega el cielo tornasolado,
me pacifica un minueto de Mozart,
me tranquiliza la sonrisa de mi madre,
me frena tomar aliento, oxigenarme,
me apacigua una palabra de mi padre,
pero cuando quiero verdadera calma,
y todos sus sinónimos,
tu voz siempre aparece
en el horizonte de mis sucesos.
Nada me afecta ya,
eres mi calma y yo soy tu oyente,
al otro lado de la orilla
siempre seré tu sosegado creyente.

Eternidad

Si la vida es eterna, yo no lo sé,
quizás podría anhelarla
o creer en ella con fe.
Mi amor ya no tiene tiempo
y es lo único que hoy sé.

A las agujas del reloj ya no está sujeta,
de mí ya no es dependiente,
pues lo comparto con mi lado impalpable,
aquello encerrado en mi cuerpo
que es ya un enérgico sentimiento.

Es estremecimiento irreprimible,
es el amanecer de un madrigal día,
una composición lírica atemporal.

Motivado solo por ella, por todo su ser
hoy siento que el día y las horas
solo me sirven para pensarla
como mis horas de sueño para fantasearla.

Ya está en todo impregnada,
así quedará para siempre su energía,
trasuntando mi vida,
que por ella es eternidad.

Amor, amarte en cualquier época

Amor... ¡te habría amado en cualquier época!
Donde te hubiera conocido,
pero habiéndote conocido en esta época,
en este tiempo
me siento irreversiblemente inclinado
¡a adorarte!

¿Sabes amor?

Si yo digo «Te amo»,
al decirlo siento que te amo más de lo que digo.
Entonces concluyo a priori
que te amo más de lo que ya te amo.

Cierto es que siendo así,
ya te amo aún más allá de lo posible.
Y si es más allá de lo posible,
entonces infinitamente te amo.

Y si infinitamente te amo,
te amo sin límite alguno.
Y si no tengo límite alguno para amarte,
entonces mi amor por ti es el pleno uso
y expresión de mi libertad.

Entonces tu amor y amarte
como te amo me hace libre,
y aquello me hace amarte con más amor,
amarte más de lo que ya te amo.

Nuestro templo

Amor mío, tu cuerpo es mi templo
donde me postro agradeciendo al divino
la gracia de tu existencia,
la bondad para darme esta vida
disfrutándote, contemplándote.

A ti mi reverencia la pleitesía, el sahumerio,
mi espíritu elevado, trascendido de lo vano
a lo glorioso que de la virtud de amarte aflora.

Cuerpo descubierto que recorro con codicia,
pues lo quiero solo mío.
Tu templo es solo mío para darle gracias
a esa mano perfecta que te ha creado
y que te hizo divina,
y que a tus pies hace que se rinda mi amor, mi deseo.

Solo a ti

A veces quisiera que descubrieras
lo que mi mirada dice,
lo que te dice mi alma.

No tienes ya que buscar
todo lo tengo para ti,
todo lo que para ti entrego.

Aquí frente a ti estoy dispuesto
a permanecer a tu lado,
a tu lado lucharlo todo.

Soñé sacrificios por lo que amo,
ahora mi vida deseo entregarte,
ahora entregarte mi fuerza hasta el último resto.

Solo mirando a través de mis ojos
sabrás de mi amor anhelado para ti,
sabrás de mi anhelo por hacerte feliz.

No hay más grande amor como el tuyo
como para arriesgar mi vida
como entregarla solo a ti.

Solo a ti, mi amor,
solo tuyo, amor,
solo mira mis ojos.

¡Son solo tuyos, amor!

Sueño a tu lado

A mi lado te soñé,
eras parte de mi mundo
y de mi espacio.
Tenía tu figura dibujada c
con finas sombras sobre mis sabanas.

Mis brazos buscaban abrazarte y tomar tus senos.
Mis piernas entrelazar las tuyas,
sentirte respirar acariciando tus suaves trazos,
tus tersos rizos.

Estaba amaneciendo
la claridad y la brisa matinal te dibujaban.
Entre mis brazos estabas,
te abrazaba con fuerza tierna considerada.

Mis ojos despiertos mientras estaban aún dormidos,
te observaban, te deseaban,
te contemplaban mientras ardor me generabas.

Era ya de mañana,
veía tu rostro reflejarse en la mampara,
dormida, quieta, como un ángel tendida,
descansando, con tus labios finamente
entre abiertos, como cuando los beso.

Ahí estabas. ¡Te juro que estabas!
Tan real, tan evidente
sintiendo tu calor, tu cuerpo suave, tu ser,
lo que amo con locura,
lo que deseo todos los días
para el resto de mi vida.

Te soñé y estabas conmigo
como unas noches anteriores
como una noche deseada estos días.

Era de mañana ya
y de tu cuerpo bebí lo que me da vida
con todo el amor que representa amarte día a día
contigo cierta y real,
estando tú y en mis sueños cuando no estás,
aún más todavía.

El lado izquierdo de mi cama

El lado izquierdo de mi cama tiene dueña.
Algún día «yermo» sin vida ella,
lleno objetos acumulados en una pared medianera.
la nada tras sí, venía sobre ella.

Hoy la contemplo y tiene vida,
aroma, tu aroma, tu huella, tus huellas.
¡Es tuya! La posesión, el título, la *traditio*.
Tuyo el derecho para compartirla conmigo
sin restricción alguna.

¿Y yo qué soy?
Soy tu vecino.
El agradecido por tamaña bendición.

Verte señorial sobre ese pequeño país,
ese pequeño espacio territorial,
no tiene precio lo que contemplo,
como no es medible en oro ni en diamantes,
que te hayas posesionado a mi lado,
dándole vida a lo que un tiempo no existía.

Tus huellas

Tus pies van dejando huellas
sobre la arena húmeda,
y se forman con bordes de espuma.
Son firmes y no se borran con las primeras olas,
diez pasos por delante la mar oscura
por la noche y rugiente por la marea.

Detienes tu paso sorteando las primeras que te saludan,
inclinas tus brazos y tus tiernas manos
dan siempre la bienvenida.
Ahí vuelcas tu mirada escudriñando
la profundidad que es como el hogar habitado.

Hogar que te acoge con dulzura,
puedes increpar, denostar,
pedir, confesar y contar
al universo lo que es tuyo,
propio, intrínseco, interno.

Como ofrenda sobre tus mejillas
corren unas lágrimas
que se hacen una con el mar.

Sabes que todo esto siempre servirá, pues existe.
Es el lugar de tu destino,
el lugar que siempre te acogerá
con sus brazos tan grandes como la inmensidad.

Dormida cerca de mí

Y hoy tan cerca de mí y dormida,
y hoy contemplo su cuerpo húmedo,
sobre mi lecho tan liviana como su alma.

Espero abrazarla palpitante
ese ligado de dos que representa,
pues si amo su cuerpo,
mi libido me incita a cazar lo etéreo.

De ella se escapa como luz y ardor indeleble,
ella y su esencia irrepetible tándem,
y yo al final solo un originado revelando
que un espíritu así nunca podrá tener,
pues el suyo tiene.

Ella es un ser tan incomparable de mí
y de cualquiera que aún respira,
que solo la quiero para mí,
pues he descubierto lo que nadie más ha apreciado,
si bien ya por ello tan solo puedo ser afortunado.

Solo para mí la deseo,
solo yo poseerla quiero,
afincándome para siempre en la arista
de su cuerpo aferrado al péndulo de su alma.

¿Cómo será?

¿Cómo será tocarte
sin estar presente?
¿Cómo será ser brisa
para acariciarte
por cada ola que a la orilla se asoma?

¿Cómo será acariciarte
con solo pensarlo?
¿Cómo será ser luz
y moldear tu figura
sobre el suelo que tus piececitos delinean?

¿Cómo será besarte
sin posar mis labios?
¿Cómo será ser tus palabras
enjuagadas por tu boca
descifradas por tus labios?

¿Cómo será amarte
solo con el pensamiento?
¿Cómo será ser tu fantasía
y así sentirlo enteramente
mientras no reprimes ningún deseo?

¿Cómo será?
Quiero respuestas. No ubicuidades.
Solo aprender a sentirlo,
solo aprender a merecerlo quiero.

Flor de luz

Flor a la luz de sol abierta,
humedad de siena blanda,
estigma de estambre,
sustancia azucarada
que me pilla al vuelo,
que cubre mi boca
exaltando mi ánimo,
embriagando mi lengua.

¡Qué descomunal y atrevida
se zarandea, se retuerce!
Procurando sentir,
Percibir, discernir.

Tu gemir, tus espasmos,
tu miel transparente,
como agua de puquial,
hasta sentir mojadas mis manos, mi pecho.

Sentir que en ti se desató
el clímax, el orgasmo.
Lo que me vuelve ido
y venido hacia ti
cada vez que me cazas al vuelo.

Extracorporal

Mi alma se desprendió de mi cuerpo,
te buscó como si fuera del tuyo,
ya no más del mío.

Sintió que no le soy suficiente,
quizás ha llegado al hartazgo
y anhela estar dentro tuyo.

«Me dolió el pecho,
inmisericorde me abandonó,
si no fuera por ese hilo
que aún lo hace mío», digo.

Mejor dicho, lo ata a mis huesos.
Me dejaba solo,
para ir a tu lado eternamente.

Ya más tranquilo siento que permanece,
acompañándome en esta barca de vida,
acompañando en sus vaivenes.

Remando conmigo dentro de mí,
desde este estribor viéndote.

A tus ojos

Esa mirada, esa sonrisa,
todo junto o por separado.
Siempre quiero yo
solo de ti para mí.

Cuando lo desees o cuando complacerme quieras,
mi ensueño, la eternidad,
mi paraíso terrenal
me enrojeces de deseo···

···De enloquecido,
de conquistado
libremente avasallado,
así es tu sonrisa:
imperial y colonizadora,
de la cual me declaro ciudadano,
me declaro vasallo.

Y así con sometimiento
a tus pies me pongo,
a tu sonrisa me doblego,
ante tus ojos encadeno mis manos.

SARA

Sara es su nombre,
el nombre de mi amor.

De mi amor el sentido,
del sentido la guía.

La guía el sol,
del sol, la energía.

De mi energía el impulso,
del impulso, mi actitud.

De mi actitud la razón,
de la razón mi mente.

De mi mente la inspiradora,
la inspiradora que tiene un nombre.

Sara es su nombre
y su nombre es amor,
el nombre del amor.

Esta historia siempre continuará···

No hay fin en ti, Sara···

Sobre el rojo de mi pasión

Tu intensa mirada
sobre el rojo de mi pasión,
las líneas carbón trazadas,
el degrade y la sombra,
la luz que le da forma,
y te deja frente a mí
para siempre.

Y sobre este mundo
hasta donde alguien
te encuentre
y entienda
que solo tú me inspiraste,
que eres la razón verdadera
que formó al poeta,
al escribidor desatado,
al hombre para siempre
de ti enamorado.

EDICIÓN INTERNACIONAL IMPRESA POR
AMAZON KDP

EDITADA Y MAQUETADA POR
LETRA GRUPO EDITORIAL

9 786124 824289